6.-
3.50
1.50
0.50
5.-
2.-
0.00
3.50

Katja Reider arbeitete nach ihrem Germanistik- und Publizistik-Studium u. a. als Pressesprecherin des Wettbewerbes »Jugend forscht«. 1994 begann sie, für Kinder und Jugendliche zu schreiben. Ihre Bücher erscheinen heute in vielen namhaften Verlagen. Die Autorin lebt mit ihrer Familie in Hamburg. Mehr Infos unter www.katjareider.de.

Andrea Ringli dachte, als sie klein war, dass sie wegen ihres Namens Goldschmiedin werden müsste. Es kam aber anders, und sie schloss eine Ausbildung zur Grafikerin an der Hochschule für Gestaltung und Kunst Luzern ab. Mittlerweile ist sie freiberufliche Illustratorin und bringt kleine und große Menschen mit ihrem trockenen Humor zum Schmunzeln. Sie lebt mit ihrer Familie in Zürich.

Bei diesem Buch wurden die durch das verwendete Material und die Produktion entstandenen CO_2-Emissionen ausgeglichen, indem Penguin JUNIOR ein Projekt zur Aufforstung in Brasilien unterstützt. Weitere Informationen zu dem Projekt unter: www.ClimatePartner.com/14044-1912-1001

FSC MIX Papier aus verantwortungsvollen Quellen FSC® C011124 www.fsc.org

Wir produzieren Klimaneutral ClimatePartner.com/14044-1912-1001 Druckprodukt

Penguin Random House Verlagsgruppe • FSC® N001967

1. Auflage 2021

Umschlaggestaltung: Maria Proctor, Würzburg
RS • Herstellung: UK
Reproduktion: ReproLine Mediateam, München
Druck: Mohn Media GmbH, Gütersloh
ISBN 978-3-328-30028-1
Printed in Germany

www.penguin-junior.de

Katja Reider • Andrea Ringli

EKKI EICHHORNS
KRIMS UND KRAM

Auch Muffelhörnchen brauchen Freunde

PENGUIN JUNIOR

23
KRIMS UND KRAM
GESCHLOSSEN

Oje, schon so spät!
Eilig hopst Ekki Eichhorn aus den Federn. Jetzt aber flugs Fell und Beißerchen gebürstet, zwei, drei Nüsse geknabbert, und dann nichts wie ab zu **KRIMS und KRAM**! Der kleine Laden ist Ekkis ganzer Stolz.

Aber – hach! – was es heute wieder alles zu tun gibt: Kuckucksuhren müssen nachbestellt werden, Beerenmus ist aus, und wann liefern die Biber eigentlich endlich die selbst geknabberten Spazierstöcke? Bloß schnell los!

Nur gut, dass der Laden so nah ist! Im gleichen Baum.
Noch ein Sprung, dann ist Ekki schon da.
Doch was ist das?
»AAAH!«
Ekki hat einen Ast verfehlt! Mit einem Plumps landet er auf dem Waldboden.
»AUA!«

»Hallo?! Du bist mir fast auf den Kopf gesprungen!«, ruft Fine Maus empört.

»Gefallen!«, verbessert Ekki und rappelt sich hoch. Oje, seine Pfote tut weh! Und wie! »So kann ich nicht arbeiten! Was soll denn nun aus dem Laden werden?« »Stell jemanden ein, der dir hilft«, rät Fine. »Also, bis es deiner Pfote besser geht.« Ekki überlegt. »Und der macht dann alles so wie ich?« »Logo!« Fine nickt. »Komm, wir malen gleich ein Schild.«

Die ersten Bewerber lassen nicht lange auf sich warten. Aber:

Der Marienkäfer ist Ekki zu klein.

Das Wildschwein macht nicht gründlich rein.

Der Uhu ist ein seltsamer Kauz.

Der Fuchs sieht Ekki
zu hungrig aus.

Der Igel will direkt Urlaub haben.

Der Dachs den ganzen Laden
umgraben.

BLAU

Ekki seufzt. Was nun?
Oh, da kommt ja noch jemand! Der MUSS jetzt einfach der Richtige sein.

»'n Abend«, grüßt Schmidtchen Hase. »Ist noch auf? Ich hätte gern …«
»Ich weiß!«, ruft Ekki schnell. »Passt schon! Komm am besten gleich morgen.«
»Morgen?« Schmidtchen macht große Augen.
»Klar«, sagt Ekki und klettert mühsam den Stamm hinauf.
»Aber früh, wenn ich bitten darf!«

Am nächsten Tag will Ekki mit seinem Pfötchen zu Frau Dr. Gans-Heile. Ungeduldig hopst er vor **KRIMS und KRAM** auf und ab.
Wo bleibt Schmidtchen denn nur?

Ah, da ist er ja!
»Na endlich!«, sagt Ekki.
»Wieso?«, fragt Schmidtchen erstaunt. »Ich sollte früh kommen. Und für mich ist es früh. Sehr früh sogar. Apropos: Gibt's Beerenmus zum Frühstück?«
»Nee«, sagt Ekki. »Es gibt jede Menge Staub! Hier ist der Staubwedel. Und dann kannst du die Waren prüfen.«
»Aber …«, setzt Schmidtchen an, doch Ekki ist schon davongeeilt.
Oh, der Staubwedel ist aber wirklich staubig!

Also prüft Schmidtchen erst mal die Möhrchen im Nussmantel. Lecker! Und die Honigzapfen. Ganz ausgezeichnet! Der Bumerang fliegt, wie er sollte. Also fast … Die Dominosteine fallen tatsächlich alle um. Der Traumfänger kann auch als Kopfschmuck dienen. Und der Nussknacker als Handpuppe.

Schmidtchen staunt: Ekki hat wirklich tolle Sachen im Angebot!
Halt, jetzt hätte er fast vergessen, die Hängematte zu prüfen!
Wirklich sehr gemütlich …

Bei seiner Rückkehr blickt sich Ekki entsetzt um. »Was ist denn hier los?« So viel Kram stand noch nie vor **KRIMS und KRAM**!

Schmidtchen reibt sich den Schlaf aus den Augen. »Ich habe alles geprüft, wie du gesagt hast. Das war ganz schön anstrengend.« »M-m-mein schöner Laden!«, klagt Ekki. »Du … du …« Weiter kommt er nicht, denn da ertönt die Ladenglocke.

Mo Maulwurf möchte die leckeren Honigzapfen probieren.
Alfons Dachs kauft einen Bumerang.
Der Siebenschläfer einen Nussknacker.
Und die Meise braucht dringend einen Traumfänger.

So hat Ekkis Kasse schon lange nicht mehr geklingelt!

Puh, dieses Chaos ist ja nicht auszuhalten, findet Ekki! Aber mit dem Verband kann er nicht aufräumen. Verflixt!

Schmidtchen schielt zu ihm herüber. »Keine Sorge, ich kümmere mich gleich um alles.«

»Bloß nicht!«, knurrt Ekki.

Schmidtchen überlegt. »Ah, ich weiß, was du jetzt brauchst!«
Er springt auf.
»Ein schönes Fußbad! Zur Entspannung.«
»A-a-aber doch nicht in meiner besten Schale!«, protestiert Ekki.

Zu spät.

Dr. Gans-Heile hat Ekki Schonung verordnet.
Also muss Schmidtchen mehr Arbeiten übernehmen.
Das kann ja was werden … Ekki stöhnt.
»Die Musik-Instrumente müssen mal poliert werden!«, ruft er Schmidtchen zu.

»Wird erledigt«, verspricht Schmidtchen, testet aber erst mal, ob Banjo, Flöte und Tröte noch gut klingen.

Ekki hält sich die Ohren zu.
»Der Boden ist schmutzig«, nörgelt er.

»Nicht mehr lange«, verspricht Schmidtchen, schnallt sich zwei Bürsten an die Füße, hopst in einen Eimer Seifenlauge und schlittert dann fröhlich durch den Laden. »Na, was sagst du jetzt?«, ruft er.

Gar nichts! Ekki seufzt. So hätte er nie geputzt. NIE und NIMMER!

»Du bist echt ein Meckerhörnchen!«, meint Schmidtchen. »Aber leider brauchst du mich ja.«

»Keine Sorge«, sagt Ekki. »Ich beeile mich mit dem Gesundwerden.«

Aber sooo schnell geht das
Gesundwerden dann doch nicht.
Ekki beginnt sich zu langweilen.

Vielleicht sollte er mit Schmidtchen mal die neuen Spiele im Laden ausprobieren?

Und überhaupt: Sind nicht gestern die Xylophone geliefert worden? Da könnte Schmidtchen doch mal drauf spielen! Ekki wippt mit den Füßen.

Ach, ein Löffelchen Beerenmus würde jetzt gut tun! Aber das ist ja leider ausverkauft. Vielleicht könnte Schmidtchen neues kochen? Wenn Ekki ihm das Rezept verrät?

Tatsächlich legt Schmidtchen gleich los und räumt hinterher sogar die Küche wieder auf, picobello! Na, so was!

»Das dauert ja ziemlich lange mit deiner Pfote«,
sagt Schmidtchen eines Morgens.

»Ja, leider«, seufzt Ekki und nippt an seinem Kakao.
Schmidtchen stutzt. »Sag mal, Ekki, hast du dir heute
die falsche Pfote verbunden?«

»W-w-was?«, stottert Ekki.
»Unsinn! Stimmt ja gar nicht!«

»Stimmt wohl!«, beharrt Schmidtchen. »Gib's zu, deine Pfote tut gar nicht mehr weh! Du trägst den Verband nur, damit ich weiterhin komme!«

Ekki läuft rot an. »Na ja, schon möglich«, druckst er schließlich kleinlaut.

Schmidtchen kichert. »Dann kann ich es dir ja auch sagen: Neulich abends, da wollte ich gar nicht bei dir arbeiten. Ich wollte nur ein Glas Beerenmus kaufen.«
»Echt?« Ekki macht große Augen. »Und warum bist du dann geblieben?«
»Gefällt mir halt«, brummelt Schmidtchen. »Also, meistens.«
»Bei mir?«, fragt Ekki. »Obwohl ich ein Muffelhörnchen bin?«

»Mhm«, macht Schmidtchen. Jetzt kriegt auch er rote Ohren.
Dann müssen beide lachen und wollen gar nicht mehr aufhören.

»Ich könnte ja weiter vorbeikommen«, sagt Schmidtchen.
»Also hin und wieder.«
»Prima! Wann denn zum Beispiel?«, will Ekki wissen.
Schmidtchen überlegt. »Morgen, übermorgen und überübermorgen?«

Passt perfekt!

4.-
2.-
0.50
8.-
3.50
6.-
4.-
5.-